AF318463

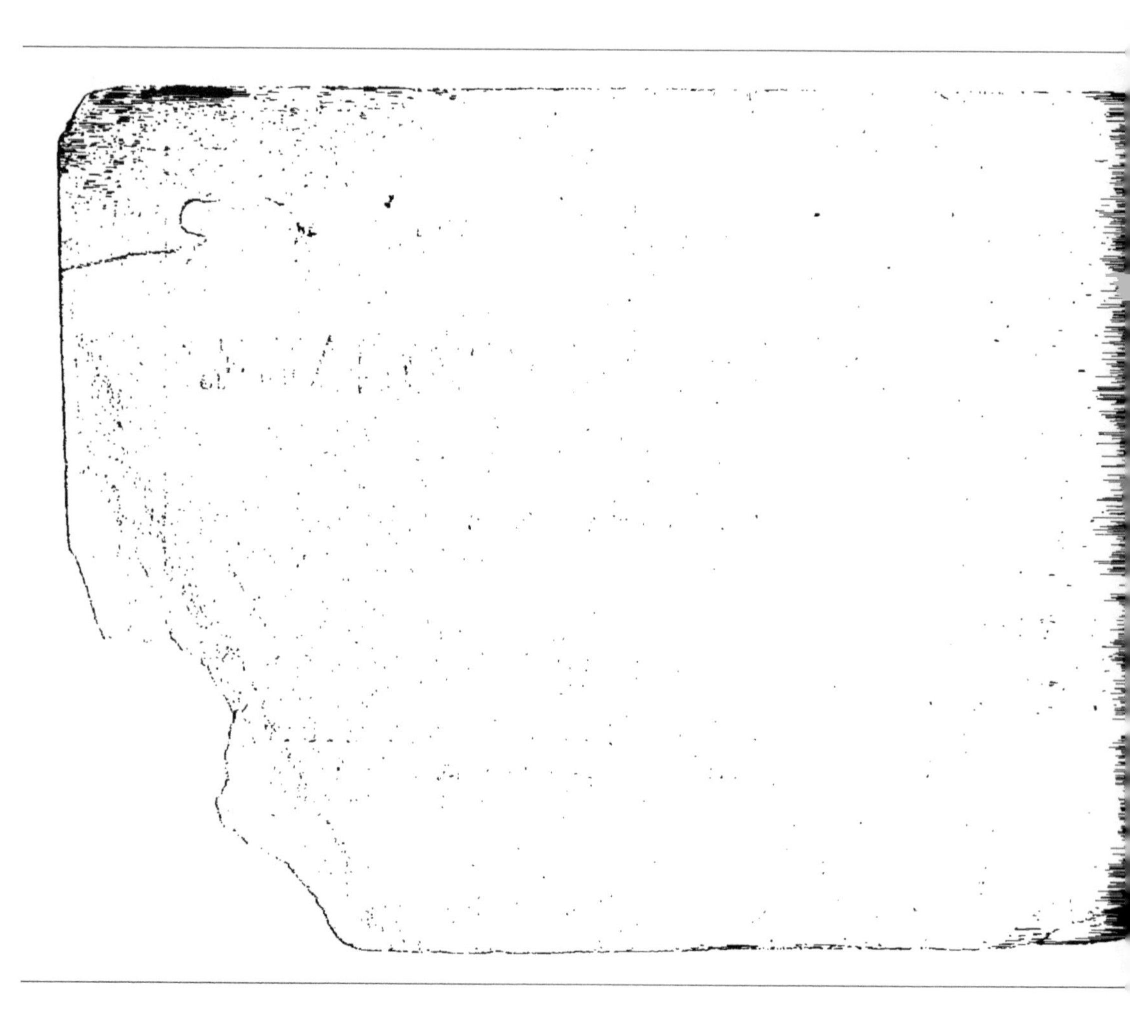

CONSIGNE GÉNÉRALE

DE

LA GARDE NATIONALE.

Garde montante. — Son arrivée. — Honneurs à rendre par elle.

1. Lorsque la garde montante sera arrivée à quinze pas environ du poste qu'elle devra relever, le chef lui commandera de porter les armes, et au tambour, s'il y en a, de battre aux champs.

Garde descendante. — Position à prendre. — Honneurs à rendre par elle.

2. Le commandant du poste, aussitôt qu'il sera averti qu'on

aperçoit la garde montante, placera ses hommes selon que l'emplacement le lui permettra, c'est-à-dire de manière à laisser sur sa gauche le terrain nécessaire pour que la garde montante puisse s'y former, et si le terrain ne permettait pas à la garde montante de se former à la gauche de la garde descendante, celle-ci se placera à quelque distance en avant du corps de garde, y faisant face, afin de laisser à la garde montante la place pour se former entre elle et le corps de garde.

3. La garde descendante rendra à la garde montante les honneurs prescrits à l'art. 1er.

Reconnaissance de la garde montante ou autres détachements.

4. Quand un poste sera dans l'intérieur d'une enceinte, et que la consigne particulière prescrira de reconnaître la garde montante, le chef du poste, aussitôt qu'il sera prévenu de l'arrivée de la troupe, enverra un caporal et deux hommes pour la reconnaître. Le factionnaire placé à la porte par laquelle la garde doit entrer criera à la troupe, lorsqu'elle sera arrivée à trente pas de lui, *qui vive?* Sur la réponse, *France!* il répliquera, *halte-là! caporal, venez reconnaître troupe.* Le caporal envoyé du poste s'avancera avec ses hommes à quatre pas en avant du factionnaire, et ses hommes et lui ayant apprêté les armes, sur son commandement, il criera : *qui vive?* Sur la réponse, *France!* il répliquera : *quelle légion* ou *quel régiment?* Si le numéro annoncé est bien celui qu'il doit reconnaître, il répondra : *quand il vous plaira,* et se mettra en haie avec ses hommes jusqu'à ce que la troupe soit entrée dans l'enceinte ; il retournera ensuite au poste. Si le numéro annoncé n'est pas celui qu'il doit reconnaître, le caporal en préviendra sur-le-champ le chef du poste, après toutefois avoir fait fermer les portes.

5. Les détachements autres que la garde montante seront re-connus de la même manière, s'il a été donné ordre au chef du poste de les laisser entrer.

Formation des rangs.

Infanterie.

6. Les gardes d'infanterie qui ne seront composées que de douze hommes se mettront en haie ; celles qui seront composées de douze à dix huit hommes se formeront sur deux rangs ; celles de dix-huit et au-dessus, sur trois rangs.

Cavalerie. — Honneurs par la cavalerie.

7. Les gardes de cavalerie, soit à pied, soit à cheval, ne seront jamais formées que sur un ou deux rangs ; les trompettes sonne-ront la marche dans les cas où il est prescrit aux tambours de battre aux champs.

— 5 —

Position de l'officier.

8. Si le poste est commandé par un officier, il se placera au centre et à deux pas en avant de sa garde.

Position du sous-officier ou caporal.

9. Tout sous-officier ou caporal commandant un poste se placera au premier rang, contre l'homme de droite.

Position des tambours et trompettes.

10. S'il y a des tambours ou trompettes, ils se placeront à la droite de la garde, à la hauteur et à deux pas du premier rang, et conserveront cette place jusqu'à ce que la garde descendante soit partie, et que la garde montante ait pris possession du poste.

11. Lorsque la garde sera sous les armes, les tambours ne devront poser leurs caisses à terre que lorsqu'on commandera de former les faisceaux.

Position dans toute prise d'armes.

12. La place assignée à chacun sera la même dans toutes les occasions où le poste devra prendre les armes.

Échange de la consigne entre les commandants de postes.

13. Les commandants des deux gardes s'avanceront l'un vers l'autre, et celui de la garde descendante donnera la consigne à celui de la garde montante.

Prise de possession du poste. — Caporal de consigne.

14. Le commandant de la nouvelle garde donnera l'ordre ensuite à un caporal d'aller prendre possession du corps de garde.

15. Ce caporal sera nommé *caporal de consigne du poste.*

16. Dans les petits postes qui seront commandés par un caporal, il sera en même temps caporal de consigne.

Remise et vérification du mobilier.

17. Les caporaux de consigne ci-dessus désignés se feront la remise du mobilier, en vérifieront l'inventaire qui est collé sur un carton déposé dans le corps de garde et signé du chef de l'état-major général, du major de la légion et de l'inspecteur des corps de garde.

18. Afin de faciliter la vérification du mobilier, les chefs de poste feront rentrer dans le corps de garde et remettre en place tous les objets, sans exception, portés sur l'inventaire.

19. Dans les postes généraux, les signatures apposées au bas de ces inventaires, varient selon les administrations auxquelles appartient le mobilier.

20. Dans le cas où quelques-uns de ces objets manqueraient ou auraient été dégradés, le caporal de consigne en dressera l'état sur les feuilles de rapport, en présence du caporal de l'ancienne garde.

21. Cet état sera signé par les deux caporaux et visé par les chefs de la garde montante et de la garde descendante. Dans les postes de cavalerie, les attributions des brigadiers seront celles confiées aux caporaux par la présente consigne.

22. Si le commandant de la garde descendante refuse de signer, le commandant de la garde montante en fera mention.

23. Dans tous les cas, les commandants des deux gardes peuvent ajouter à cet état contradictoire leurs observations.

24. L'absence de réclamations contradictoires sur les feuilles de rapport sera, de la part du chef de poste, une déclaration tacite qu'il a trouvé le mobilier complet et en bon état.

25. Les chefs de poste veilleront : 1° à ce qu'il n'y ait dans le corps de garde et les violons que les effets désignés sur l'état du mobilier ; 2° à ce que les paillasses ou les matelas ne soient point placés dans les violons, et à ce qu'on n'y introduise ni paille ni foin ou autres objets quelconques ; 3° à ce qu'aucun placard ne soit placé dans le corps de garde, s'il n'a été visé à l'état-major général ; 4° à ce que le corps de garde et ses dépendances soient tenus avec toute la propreté désirable.

Chauffage et éclairage.

26. Le chauffage et la lumière des corps de garde seront fournis ainsi que l'indique l'état du mobilier.

27. Le bois pour le chauffage et la chandelle sont apportés par les soins des préposés des fournisseurs ; mais, comme le bois est déchargé à la porte des corps de garde, les tambours le rentreront. Sous aucun prétexte, le bois ni la chandelle ne pourront être vendus ni donnés.

28. Afin de pourvoir au chauffage pendant l'intervalle d'une distribution à l'autre, il sera fait une réserve de bois sur la distribution du jour dans la proportion d'un cinquième de la ration, et cette réserve sera successivement consignée par le chef de la garde descendante au chef de la garde qui lui succède.

29. Les individus surpris emportant du bois ou de la chandelle des postes seront arrêtés et renvoyés devant qui de droit.

Armes laissées au poste. — Leur remise à un adjudant-major.

30. Le chef de chaque poste devra inscrire sur les feuilles de rapport : 1° le nom des gardes nationaux qui auront laissé leurs

fusils dans le poste; 2° le nombre de fusils, baïonnettes et bri-
quets ; 3° le numéro, de ceux qui sont poinçonnés. Ces armes
seront consignées au chef de la garde montante, qui ne devra
les remettre qu'à l'un des adjudants-majors de la légion à laquelle
elles appartiennent. Cet adjudant-major en donnera décharge sur
les feuilles de rapport du poste.

31. Les adjudants-majors feront transporter ces armes à l'état-
major de leurs légions respectives, pour être mises à la disposition de MM. les capitaines d'armement.

32. Les tambours qui seront trouvés emportant ou faisant
emporter des postes des armes laissées par des gardes nationaux
seront sévèrement punis.

33. Jusqu'au moment de l'enlèvement des armes par les adjudants-majors, les chefs de poste de la garde descendante et
ceux de la garde montante les feront garder sous leur responsabilité personnelle.

34. Lorsque les adjudants-majors se présenteront dans les postes, ils inscriront ou feront inscrire sur les feuilles de rapport les fusils laissés dans les postes et qu'on aurait négligé d'annoter.

35. L'adjudant-major vérifiera si l'on s'est conformé aux dispositions ci-dessus, et donnera connaissance au major des dégradations ou pertes d'objets ; ce dernier en préviendra le colonel, qui en prescrira la réparation ou le remplacement aux frais du chef de poste, lorsque celui-ci n'aura pas indiqué l'auteur du dégât.

Inspection des armes. — Appel. — Ordre du service.

36. Pendant que la visite du corps de garde s'exécutera, le chef de la garde montante inspectera les armes, et fera ou fera faire l'appel de tous les hommes du poste, dont il aura dû se faire donner la liste nominative. Il fera numéroter les hommes du poste et partagera entre les caporaux le temps de la garde, en sorte qu'ils aient, autant que possible, un service égal à faire, soit de jour, soit de nuit ; il en agira ainsi à l'égard des gardes nationaux, afin qu'ils aient autant d'heures de faction ou de patrouille les uns que les autres ; ou bien il fera faire ces opérations, mais les inspectera ou s'en fera rendre compte.

Première pose de la garde montante.

37. Aussitôt que la visite des corps de garde et des effets mobiliers aura été terminée, le commandant de la garde montante désignera les sentinelles de la première pose, après quoi il fera le commandement de : *première pose, en avant !* A ce commandement, le caporal et les gardes nationaux de cette pose se formeront sur un rang en avant de la garde : le caporal de pose numérotera ses hommes; le chef du poste en passera l'inspection, et ordonnera au caporal d'aller relever les anciennes sentinelles. Celle qui est devant les armes sera relevée la première et pourra rentrer de suite au poste; les autres suivront la pose et ne rentreront qu'après qu'elle sera terminée.

Visite des deux commandants.

38. Pendant qu'on relèvera les sentinelles, et après avoir arrêté et signé l'état de vérification des effets du corps de garde, en se conformant à ce qui est dit ci-dessus, les commandants des deux gardes visiteront ensemble les avenues du poste, et celui qui relèvera prendra de l'autre tous les éclaircissements nécessaires sur les consignes et sur le service de son poste.

Départ de la garde descendante.

39. Toutes les sentinelles étant relevées et rentrées dans les rangs, le commandant de l'ancienne garde se mettra en marche, les tambours des deux gardes battront aux champs.

40. Lorsque le commandant de la garde descendante sera à environ vingt-cinq pas du poste, il fera remettre la baïonnette dans le fourreau, ou, si c'est un poste à cheval, il fera remettre le sabre dans le fourreau. En cas de pluie, le commandant de la garde descendante pourra faire porter l'arme sous le bras gauche. La garde descendante continuera ensuite sa marche au pas accéléré jusque dans le quartier le plus convenable pour se séparer; les tambours ne battront pas, à moins qu'ils ne précèdent le détachement qui reconduit le drapeau : ce détachement conservera la baïonnette au fusil.

41. Lorsque le commandant de la garde descendante jugera convenable de faire rompre les rangs, il fera le commandement de : *halte, front, présentez armes, haut les armes, rompez vos rangs, marche !*

Entrée au poste de la garde montante.

42. Après le départ de l'ancienne garde, le chef de la garde montante fera entrer la garde dans le poste. Si c'est une garde de cavalerie, il fera remettre le sabre dans le fourreau pour mettre pied à terre, et ordonnera de mettre les chevaux dans l'écurie du corps de garde.

Visite des factionnaires par le commandant. — Consignes.

43. Aussitôt après, le chef du poste ira visiter avec soin les factionnaires ou les fera visiter; il lira attentivement les consignes, et ensuite il instruira les sous-officiers et caporaux de ce qu'ils auront à faire; il les préviendra qu'ils seront garants envers lui de la stricte exécution de ces consignes, ainsi que de la conservation des capotes et de tous les objets portés sur l'état du mobilier. Le chef d'un poste est personnellement responsable de toutes les parties du service.

Factions. — Caporal de pose. — Sentinelles. — Leurs devoirs respectifs.

44. Le chef du poste fixera la durée des factions ; ce temps ne pourra excéder deux heures.

45. Le caporal chargé de placer les factionnaires, nommé *caporal de pose*, prendra les consignes de celui qui aura fait la pose précédente, et il ira avec lui relever les anciennes sentinelles et placer les nouvelles ; si elles sont en trop grand nombre, il partagera ce service avec le caporal de consigne.

46. Pendant que les caporaux commandent ou conduisent les poses, ils doivent porter l'arme au bras droit, comme les sous-officiers et les hommes de la pose doivent avoir l'arme au bras pendant qu'ils sont en marche.

47. Pendant le jour, dès qu'une sentinelle aperçoit la pose qui vient la relever, elle s'arrête près de sa guérite, fait face en tête et se met au port d'armes.

48. Arrivé à six pas d'elle, le caporal de pose commande *halte!* aux hommes qu'il conduit, et N°** *marche!* à celui qui prend la faction ; le place à la gauche de l'ancienne sentinelle, commande *à droite et à gauche, présentez armes !* et aussitôt que la consigne est répétée en sa présence, il fait porter les armes et commande : *marche!* Dès que le garde national qu'il vient de relever a rejoint la pose, le caporal commande : *arme au bras, marche !*

et continue à relever les factionnaires ainsi qu'il est prescrit ci-dessus.

49. Pendant la nuit, les factionnaires ne doivent se laisser relever qu'après avoir reconnu la pose en appelant le caporal au mot de ralliement.

50. Toutes les fois qu'il y aura quelque chose de nouveau, ou que le bien du service lui paraîtra l'exiger, le caporal de pose en rendra compte au chef de poste.

51. Les sentinelles ne se laisseront jamais relever ou donner une nouvelle consigne que par le chef du poste ou par les caporaux de pose.

52. Les sentinelles auront toujours la baïonnette au bout du fusil, sans couvre-platine, ni capucine au bassinet, ni bouchon au bout du canon.

53. Les sentinelles, pendant le temps qu'elles seront en faction, ne pourront jamais quitter leurs armes, pas même dans leur guérite, ni s'asseoir, chanter, fumer, siffler ou parler à personne sans nécessité, ni en se promenant s'écarter de leur guérite à plus de trente pas.

54. Les sentinelles ne souffriront pas qu'il se fasse aucune ordure ou dégradation aux environs de leur guérite, et s'opposeront à ce qu'aucun objet ne soit déposé à côté des guérites ou des corps de garde.

55. Les sentinelles se tiendront alertes pour observer et découvrir tout ce qui pourra arriver.

56. Elles ne se laisseront jamais approcher de trop près, par qui que ce soit, et particulièrement pendant la nuit; à cet effet, elles feront passer, autant que possible, les allants et les venants du côté opposé à celui où elles seront placées.

Cas de tumulte.

57. En cas de tumulte ou de rixe dans le voisinage d'un poste, la sentinelle placée devant les armes préviendra le chef du poste, qui prendra les mesures les plus convenables pour rétablir le bon ordre, et, au besoin, faire arrêter les perturbateurs.

Cas d'incendie.

58. Si les sentinelles aperçoivent quelque incendie, elles crieront *au feu !* Le chef du poste enverra aussitôt reconnaître le danger, et détachera un nombre de gardes proportionné à la force du poste, afin d'empêcher le désordre et de faciliter les premiers secours.

59. Le chef du poste fera prévenir en même temps l'état-major général, le commissaire de police du quartier, et le poste de pompiers le plus voisin. Dans les postes des chefs-lieux d'arrondissement, les chefs de poste feront prévenir également l'adjudant-major de service, qui adressera sur-le-champ un rapport à l'état-major général.

60. Les commandants des autres postes qui auront également eu connaissance de l'incendie, enverront aussi quelques gardes sur les lieux avec la même destination que ceux partis du premier poste. Les uns et les autres s'en retourneront lorsqu'il y sera arrivé des détachements envoyés spécialement à cet effet, ou lorsque le commandant le plus élevé en grade reconnaîtra que la force armée peut se retirer sans inconvénient.

61. Pour de simples feux de cheminée ou autres qui ne donneraient aucune crainte sur leurs suites, on se bornera aux précautions d'ordre, et il suffira que le chef du poste en fasse une mention détaillée sur son rapport.

Présence obligée au poste.

62. Avant midi, le chef du poste fera la répartition du ser-

vice de jour des simples gardes nationaux, par tiers, conformément au tableau tracé sur le recto de la deuxième feuille du rapport, et d'après les prescriptions des ordres du jour des 8 mai
1840 et 1er février 1841, rapportées au bas de ladite feuille.

63. Le chef du poste réglera de même les heures des repas
des officiers, sous-officiers et caporaux, de manière à ce qu'au-
moins la moitié des hommes de chaque grade soit constamment
au poste.

64. Le chef du poste, quel que soit son grade, ne devra,
excepté pour le service, s'absenter que pour prendre ses repas et
y employer le moins de temps possible; il désignera, pour le
remplacer, pendant son absence, le garde du grade le plus élevé.

65. Le chef du poste ne devra autoriser personne à s'absenter
assez de temps pour que le service en souffre.

66. Tout garde national qui s'éloignera du poste, même en se
conformant aux articles précédents, mais sans avoir reçu l'auto-

risation du chef de poste, sera passible de l'art. 82, § 1er de la loi du 22 mars 1831 (1).

Tenue obligée.

67. Les officiers ne pourront, pendant tout le temps de la garde, quitter, même pour dormir, leur épée, leur hausse-col et leurs bottes.

68. Les sous-officiers, grenadiers, chasseurs, voltigeurs, etc., devront conserver également, pendant la durée de la garde et même pour dormir, leurs vêtements, leur chaussure, leur sabre et leur giberne.

69. Les tambours devront conserver également leur sabre et leur banderole.

---

(1) Une faction hors de tour.

70. On ne portera de bonnets de police que pendant la nuit, et alors seulement qn'on ne sera appelé pour aucun service ni aucune reconnaissance de ronde ou de patrouille.

Toutefois, les compagnies de grenadiers et celles des compagnies de voltigeurs qui auront conservé le bonnet à poil, pourront porter le képy, même pendant le jour, lorsqu'elles ne seront pas sous les armes.

71. On ne doit, dans aucun cas, se mettre en tenue négligée.

Bon ordre. — Étrangers à la garde, vivandières et marchands exclus du poste.

72. Le chef du poste interdira et réprimera tout ce qui pourrait amener du désordre et compromettre, avec l'honneur de la garde nationale, l'ordre et la sûreté publique qu'elle est appelée à maintenir.

73. Il est expressément défendu de faire, dans les corps de garde, des réunions auxquelles seraient invitées des personnes étrangères à la garde.

74. Les chefs de postes interdiront l'abord et l'entrée des corps de garde aux vivandières, colporteurs et marchands d'eau-de-vie ou de comestibles.

75. Si, nonobstant cet ordre, que recevront aussi les senti-nelles placées devant les armes, ces individus s'introduisent dans les postes, ils seront immédiatement conduits chez le commis-saire de police du quartier ; et si l'infraction a lieu après dix heures du soir, les contrevenants seront gardés au violon du poste, et conduits devant le commissaire du quartier à l'ouverture de son bureau (huit heures du matin). S'il n'y a pas de violon dans le poste, ils seront déposés dans le violon du poste le plus voisin.

Honneurs à rendre.

Aux troupes.

76. Les sentinelles s'arrêteront et feront face en tête lors-quelles devront rendre des honneurs. Elles porteront les armes lorsqu'il passera une troupe à portée d'elle.

Au roi et à la reine, aux princes, princesses, commandant supérieur des gardes nationales, maréchaux, lieutenants généraux, députations.

77. Si le roi ou la reine passe devant un poste, les senti-nelles, dès qu'elles auront aperçu Leurs Majestés, crieront : *aux armes!* La garde sortira; elle présentera les armes, les officiers salueront du sabre ou de l'épée, et les tambours battront aux champs. Les mêmes honneurs, à l'exception que la troupe portera les armes au lieu de les présenter, seront rendus aux princes et princesses du sang, au commandant supérieur des gardes nationales du département de la Seine, et aux maréchaux de France ayant des fonctions à Paris. A l'exception que les tambours rappelleront au lieu de battre aux champs, les honneurs précédents seront rendus aux lieutenants généraux employés à Paris et dans l'exercice de leurs fonctions, aux députations de la Chambre des pairs, de la Chambre des députés, de la Cour de cassation, de la Cour des comptes et de la Cour royale.

Aux maréchaux de camp, corps municipaux, autres députations.

78. A l'exception que les tambours seront seulement prêts à battre, les mêmes honneurs seront rendus aux maréchaux de camp employés à Paris et dans l'exercice de leurs fonctions, aux corps municipaux, aux députations de l'Université et des cours de justice, autres que celles ci-dessus dénommées.

Au préfet.

79. Ces honneurs seront rendus au préfet de la Seine, en costume, par le poste de l'Hôtel-de-Ville.

80. Dans toutes les circonstances ci-dessus énoncées, les sentinelles présenteront les armes.

Aux maréchaux, généraux, officiers supérieurs, intendants militaires, grands-croix et grands-officiers de la Légion d'honneur, préfets, maires.

81. Les sentinelles présenteront les armes aux maréchaux de France, aux généraux, aux officiers supérieurs, aux intendants militaires, aux grands-croix et grands-officiers de la Légion d'honneur, aux préfets de la Seine et de police et aux maires de Paris.

Officiers, sous-intendants militaires, préfets, commandeurs, officiers et chevaliers de la Légion d'honneur, décorés de Juillet, adjoints aux maires.

82. Elles les porteront aux officiers de tout grade, aux sous-intendants militaires, aux préfets, commandeurs, officiers et chevaliers de la Légion d'honneur, aux décorés de la croix de Juillet, aux adjoints aux maires de Paris, tous ayant leur costume ou leur décoration.

Troupe réglée.

83. Si la sentinelle placée devant les armes aperçoit une troupe réglée *ayant la baïonnette au canon,* elle criera : *aux armes !* la garde entière sortira et portera les armes, ainsi que la sentinelle.

84. Les tambours des deux troupes battront aux champs, les trompettes sonneront la marche ; si le corps ou le détachement passant devant le poste n'a point de tambour, et qu'il y en ait un au poste, il sera prêt à battre.

Troupes en marche. — Le roi, la reine.

85. Les gardes ou troupes quelconques qui se rencontrent en route se cèdent mutuellement la droite et se rendent les honneurs en marchant. Lorsqu'un détachement se trouvera sur le passage de LL. MM., le commandant fera faire halte et face en tête à la troupe, et fera rendre à LL. MM. les honneurs prescrits par l'art. 77.

Suspension des honneurs.

86. On ne se rendra plus d'honneurs après la retraite ni avant la diane. Les tambours qui précèdent des détachements ne battront pas après le coucher ni avant le lever du soleil.

Plusieurs appels et sorties du poste obligés.

87. Le commandant du poste fera ou fera faire au moins quatre appels de la garde.

88. Les commandants de postes devront faire sortir plusieurs fois pendant les vingt-quatre heures toute la garde avec armes ou sans armes, pour habituer les gardes nationaux à se former promptement.

Mots d'ordre et de ralliement. — Surveillance des officiers et sous-officiers.

89. A la chute du jour, ils donneront le mot d'ordre et le mot de ralliement aux officiers, sous-officiers et caporaux, et ils redoubleront de vigilance pendant la nuit afin que chacun fasse bien son devoir, et que tout ce qui a rapport à la pose des sentinelles, aux factions et aux patrouilles, soit observé avec exactitude. Les caporaux de pose, lorsqu'il fera nuit, donneront le mot de ralliement à toutes les sentinelles, excepté à celle placée devant les armes.

90. Les chefs de postes, les officiers, sous-officiers et caporaux sortiront souvent hors du poste, même pendant la nuit, pour mieux connaître ce qui s'y passera.

Rondes et patrouilles : leur reconnaissance.

91. Lorsque des officiers de ronde, quel que soit leur grade, se présenteront devant un corps de garde pendant le jour, pour en faire la visite, la sentinelle devra crier : *aux armes !* et le poste devra sortir. Pendant l'inspection de ces officiers, et à moins qu'ils ne fassent ou ne prescrivent un commandement contraire, le chef du poste fera reposer la garde sur les armes.

92. Lorsqu'une sentinelle apercevra une ronde ou une patrouille, elle criera : *qui vive !* si on lui répond : *patrouille !* elle criera : *halte-là ! caporal, venez reconnaître patrouille !* le caporal sortira du corps de garde, escorté par deux hommes, qu'il aura soin d'établir quatre pas en avant de la sentinelle de devant les armes ; il se placera lui-même deux pas en avant de son escorte, lui commandera d'apprêter les armes, et criera : *qui vive !* Lorsqu'on lui aura répondu et qu'il aura reconnu que c'est bien une patrouille, il criera : *avance qui a l'ordre !* croisera la baïonnette avec précaution et en inclinant légèrement son arme, pour se mettre en défense contre le chef de patrouille, recevra de lui le mot d'ordre et lui donnera ensuite celui de ralliement. Pendant tout ce temps, et jusqu'à ce que le caporal fasse porter les armes, son escorte et la sentinelle conserveront la position de : *apprêtez armes !* Le chef de patrouille, en donnant le mot, croisera la baïonnette comme le caporal qui le reconnaît. Les hommes composant la patrouille resteront au port d'armes jusqu'à ce que leur commandant ayant été reconnu, fasse porter l'arme au bras ou reposer sur les armes. Le chef de patrouille entrera au poste, émargera les feuilles et se remettra en marche.

93. Le caporal aura soin de disposer son escorte de manière à ce que tous les hommes du poste étant sous les armes, puissent se défendre sans que les uns soient masqués par les autres.

94. Les patrouilles du poste rentrant au corps de garde sous le titre de *patrouilles finies*, seront reconnues de la même manière.

95. Lorsqu'une ronde s'annoncera comme *ronde d'officier* ou *ronde finie*, elle sera aussi reconnue de la même manière.

96. Si elle s'annonçait comme *ronde d'officier général, ronde major* ou *ronde supérieure*, la sentinelle criera: *halte-là ! caporal venez reconnaître ronde d'officier général, ronde major* ou *ronde supérieure ! aux armes !* A ce cri, le chef du poste fera prendre les armes à sa troupe, la fera sortir, l'établira dans le même

ordre que pendant le jour, lui fera porter les armes et l'alignera.
Le caporal qui, pendant ce temps, aura été reconnaître, placera
l'escorte comme il est dit aux articles précédents ; mais au lieu de
faire avancer à l'ordre, il criera : *chef du poste, venez reconnaître
ronde d'officier général, ronde major* ou *ronde supérieure !* Alors
le chef du poste se portera à quatre pas en avant de l'escorte déjà
établie (le caporal reprendra sa place dans le rang). Après avoir
fait annoncer de nouveau la ronde en criant : *qui vive*, il répliquera : *avance à l'ordre !* recevra *d'abord* le mot de ralliement
et donnera *ensuite* le mot d'ordre, ayant le sabre à la main, ensuite
il fera rentrer l'escorte dans les rangs et reposer sur les armes.

97. A moins de nécessité évidente, les patrouilles n'entreront
point au corps de garde ; les chefs y seront seuls admis pour signer sur les feuilles de rapport.

98. Toute sentinelle éloignée de son poste devra également
arrêter les rondes ou patrouilles et les reconnaître. Pour cet

effet, elle criera : *qui vive !* Lorsqu'on lui aura répondu : *ronde* ou *patrouille !* elle criera : *halte-là, avance au mot de ralliement !* croisera la baïonnette avec précaution et en inclinant légèrement son arme pour le recevoir, *ne le donnera jamais*, et si le mot est celui qu'elle aura reçu de son caporal de pose, elle présentera les armes, rendra compte de tout ce qu'elle aurait remarqué pendant sa faction, et laissera passer la ronde ou la patrouille ; si elle n'a rien à faire connaître, elle devra seulement dire : *rien de nouveau.*

99. Si le mot que reçoit la sentinelle est différent de celui qu'elle a reçu, elle fera passer au large, à moins qu'elle ne soit à portée de se faire entendre du poste, soit directement, soit par des sentinelles intermédiaires. Dans ce dernier cas, elle devra crier : *aux armes !*

100. Les rondes et visites des officiers des légions se feront à pied, et celles des officiers de l'état-major général se feront à cheval. Les rondes faites par ces derniers seront reconnues comme *rondes-majors*.

101. Les rondes faites par les capitaines, les adjudants-majors et autres officiers des légions, d'un grade inférieur, seront reconnues, annoncées et reçues comme *rondes d'officier*. Les rondes et visites faites par les majors seront reconnues comme celles des autres officiers supérieurs des légions.

102. Toutes les fois que les officiers ne seront pas tenus d'avoir le sabre ou l'épée à la main, et qu'ils devront donner ou recevoir le mot, ils mettront la main sur la garde de leur arme, sans se découvrir.

103. Les officiers de ronde feront porter un falot devant eux par un tambour qu'ils prendront à l'état-major de la légion dont ils font partie, et qu'ils renverront ensuite. Les officiers de l'état-major général ne portant point de hausse-col, et ne pouvant se faire précéder d'un falot, puisqu'ils font leur ronde à cheval, seront reconnus au brassard tricolore qu'ils portent quand ils sont de service, et à l'ordonnance qui les accompagne. Il ne sera pas fourni d'escorte aux officiers de ronde, quel que soit leur grade et la nature de la ronde.

104. Lorsque les rondes se rencontreront, la première qui découvrira l'autre criera : *qui vive!* l'autre répondra : *ronde!* en désignant de quelle espèce. La première s'annoncera ensuite. *La ronde d'officier général* recevra le mot d'ordre de toutes les autres rondes, ensuite la *ronde major* et la *ronde d'officier supérieur*. Pour ces rondes, comme pour les *rondes d'officier*, si le grade est égal, l'officier de la ronde qui aura été découverte donnera le mot d'ordre et recevra le mot de ralliement.

105. Les rondes seront reconnues par les patrouilles comme par les postes.

106. L'on ne devra jamais reconnaître en criant : *halte-là! qui vive?* que lorsqu'il y aura nécessité absolue par le peu de distance à parcourir par la ronde ou la troupe qui devra être reconnue ; dans tous les autres cas, on attendra, pour crier : *halte-là,* qu'on ait répondu au *qui vive.*

Devoirs des rondes.

107. Les officiers de ronde et de visite des postes examineront si les sentinelles sont alertes et attentives la nuit comme le jour ; s'il n'y en a pas d'endormies et s'il n'en manque point.

108. Ils avertiront le commandant du poste dont ils auront surpris les factionnaires en défaut ou en négligence, et ils en feront mention sur leur rapport.

109. Les officiers de ronde, pour s'assurer des hommes présents et de leurs noms, pourront exiger du commandant de chaque poste, de faire faire en leur présence l'appel nominal des hommes commandés.

110. Ils pourront consigner, sur les feuilles de rapport des postes, les noms et les grades des hommes n'ayant pas paru ou absents sans permission.

111. Lorsqu'il y aura, dans un poste, des personnes arrêtées, l'officier de ronde pourra vérifier si les formalités voulues ont été ponctuellement exécutées.

112. Ils recueilleront par écrit les plaintes relatives au chauffage, à l'éclairage et à l'état du mobilier des corps de garde, ainsi que toutes les observations qui pourraient contribuer au bien-être des gardes nationaux dans leurs postes.

113. Ils s'assureront qu'il n'y a pas, dans les postes, de remplaçants autres que ceux autorisés par la loi. S'il s'en trouvait, ils seraient à l'instant, et sur l'ordre de l'officier de ronde, conduits par un détachement à l'état-major de la légion.

114. Les officiers d'état-major vérifieront le mot d'ordre dans chaque poste, et s'assureront par qui et comment il a été apporté. Ils prendront note des postes qui ne l'auraient pas reçu avant le coucher du soleil.

115. Les officiers d'état-major feront signer leurs feuilles par le commandant de chacun des postes qu'ils visiteront.

116. Dans les postes des chefs-lieux d'arrondissement, ils devront également les faire signer par l'adjudant-major de service, qu'ils feront appeler à cet effet.

117. Cette dernière disposition pourra recevoir son exécution au bureau de l'état-major des légions, lorsque les officiers de ronde devront s'y rendre pour signer les registres qu'ils auront mission de viser.

118. Ils visiteront sans exception tous les factionnaires fournis par chaque poste, pour vérifier s'ils sont placés dans les endroits convenables et avec les consignes prescrites.

119. Les officiers de ronde se feront reconnaître par toutes les patrouilles qu'ils rencontreront, et s'informeront de ce qui

pourrait être parvenu à la connaissance des chefs de ces patrouilles.

120. Si les officiers de ronde découvraient quelque chose qui
intéressât la sûreté générale, ils avertiraient sur-le-champ les
postes voisins, et, en cas d'urgence, ils se rendraient de leur personne ou enverraient à l'état-major général pour l'en informer.

121. Les officiers qui visitent les postes fournis par les légions
seront tenus de signer sur les feuilles déposées dans chaque poste
et d'y faire mention de l'heure à laquelle ils s'y sont présentés,
comme de ce qu'ils auront remarqué de contraire au service et
à la discipline.

122. Les commandants de postes rendront compte à ces officiers de tout ce qui se sera passé dans les postes depuis qu'ils les
auront occupés, et ils leur présenteront les imprimés destinés aux
rapports, afin qu'ils puissent y consigner le résultat de leurs observations.

123 Dans les postes qui sont sous le commandement d'officiers supérieurs, les adjudants-majors étant tenus de s'y présenter pour signer la feuille, conformément aux ordres du jour, doivent y être reçus, mais la garde ne prendra pas les armes.

Devoirs des patrouilles.

124. Pendant la nuit, les commandants de postes feront sortir des patrouilles commandées par un sous-officier ou un caporal, auquel ils donneront l'ordre de parcourir les différentes rues et places du quartier, en changeant souvent de direction, et en observant le plus grand silence.

125. Les patrouilles en général commenceront à la nuit et se succéderont jusqu'au jour.

126. Les chefs de patrouilles instruiront les commandants de postes du plus ou du moins de vigilance de leurs factionnaires.

127. Les patrouilles doivent stationner de temps à autre dans les carrefours qui se trouvent sur leur chemin, pour écouter si rien ne trouble la tranquillité publique, afin de pouvoir se porter rapidement sur les lieux où elles entendraient du bruit, y rétablir l'ordre et arrêter indistinctement tous ceux qui l'auraient troublé.

128. Les chefs de patrouilles arrêteront ou préviendront, lorsqu'elles ne seront pas en force, l'autorité, afin de faire arrêter toutes les personnes qui troubleraient la tranquillité publique, attenteraient à la sûreté des personnes et des propriétés, commettraient des délits ou désordres qu'il importe de réprimer, ou qui, après minuit, seraient rencontrées avec des meubles ; ils les conduiront au plus prochain poste. Les chefs de postes suivront les mêmes instructions, et feront prévenir le commissaire de police qu'ils tiennent les détenus à sa disposition.

129. Toute patrouille ayant à signaler une contravention aux ordonnances de police, ou des insultes dont elle aurait été l'objet, le chef de cette patrouille en porte plainte de suite, ou le lendemain matin, avant la relevée de la garde, au commissaire de police du quartier.

130. Toutes les fois que des détachements ou des patrouilles arrêteront des individus pris en flagrant délit ou poursuivis par la clameur publique pour des crimes ou des actes de violence, le chef du détachement ou de la patrouille fera recueillir et déposer les armes et autres objets qui peuvent servir à caractériser le délit et à en reconnaître les auteurs. Il les déposera, avec le prévenu, au poste le plus voisin, sous la garde du commandant de ce poste, qui les fera remettre au commissaire de police, sur récépissé, lequel sera joint au rapport du poste.

131. Les patrouilles et les postes arrêteront et conduiront devant le commissaire de police les charretiers, vidangeurs, qui verseraient sur le sol de la voie publique les matières dont leurs voitures seraient chargées.

132. Les patrouilles, les chefs de postes et les sentinelles ne souffriront pas qu'on allume dans les rues des matières combustibles, ni qu'on tire des pièces d'artifice ou des armes à feu.

133. Si elles découvrent un incendie, elles doivent aussitôt se conformer aux dispositions des articles 58, 59, 60 et 61 de la présente consigne, en avertissant le commissaire de police et le poste de pompiers le plus voisin. Les officiers de ronde se conformeront également à ces instructions.

134. Toute fausse patrouille ou détachement qui n'aura pas le mot sera arrêté, désarmé et conduit, sous bonne et sûre garde, à l'état-major général.

135. La sortie et la rentrée de ces patrouilles, ainsi que la réception de celles du dehors, seront mentionnées dans les colonnes à ce destinées sur les feuilles de rapport du poste.

Main-forte due à l'autorité.—Marques distinctives des agents.

136. Tout poste, détachement, piquet ou patrouille sera tenu de prêter main-forte aux adjudants de la place, à la garde municipale, aux agents de la police militaire, aux commissaires de police, aux officiers de paix et inspecteurs de police, aux préposés aux douanes, à l'octroi, aux impositions indirectes, et agissant dans l'exercice de leurs fonctions respectives, revêtus de leur uniforme, ou porteurs de marques distinctives ou de cartes.

137. Les marques distinctives sont, savoir : pour les commissaires de police, une ceinture tricolore ; pour les officiers de paix, un large ruban bleu moiré, en ceinture, ayant au milieu trois vaisseaux brodés en argent, placés sur la même ligne, celui du milieu double de la grosseur des deux autres.

138. Pour les sergents de ville, l'uniforme qui leur est affecté.

139. Pour les inspecteurs, une carte pareille au modèle déposé dans chaque corps de garde.

Main-forte due aux particuliers.— Lieux publics.

140. Le chef d'un poste refuse quelquefois de prêter mainforte ou d'envoyer un détachement, sur l'invitation de particuliers qui ne sont pas porteurs d'une réquisition d'un commissaire de police ; ce refus, tout à l'avantage des coupables, peut, dans certains cas, nuire essentiellement à la répression des délits.

141. Toutes les fois qu'il y a flagrant délit ou que la sûreté des citoyens est menacée, la force armée doit prêter son appui, de quelque manière que lui parvienne la connaissance du fait qui nécessite son intervention. Seulement, lorsque la réquisition n'émane pas d'un fonctionnaire public, le chef du poste ou du détachement doit faire surveiller la personne qui requiert, et la consigner provisoirement, dans le cas où elle aurait sans motif réclamé son assistance.

142. Si le tumulte existait dans une maison particulière, et que le chef de la maison ne fît point appel à la force armée, l'intervention du commissaire de police serait alors indispensable pour qu'il n'y eût point violation de domicile. Si le secours de la garde était invoqué de l'intérieur de la maison où se commet le délit, elle peut et doit s'y introduire immédiatement.

143. Elle n'a besoin d'aucune réquisition pour s'introduire dans les endroits publics où l'ordre est troublé ; elle agit également d'office toutes les fois qu'il y a bruit ou tumulte sur la voie publique.

Des arrestations. — Dégradations dans le poste ou le violon.

144. Les commandants de postes recevront et garderont dans le corps de garde les individus consignés à la réquisition des commissaires de police, officiers de paix, inspecteurs de police, ou autres agents qui se feront reconnaître.

145. Les commandants de postes exigeront toujours qu'on leur remette une note sommaire indicative de l'heure, du lieu et des motifs d'arrestation, ainsi que des noms, qualités et demeures des individus arrêtés.

146. Les chefs de poste ne peuvent, sous aucun prétexte, mettre en liberté les personnes arrêtées et qui sont amenées dans leurs corps de garde ; ils doivent toujours les faire conduire devant le commissaire de police le plus voisin, qui seul peut statuer à leur égard.

147. Dans le cas où il importerait de constater sur-le-champ le crime ou délit, ou d'entendre les personnes présentes, le chef du poste, du détachement ou de la patrouille, fera conduire ou conduira directement les personnes chez le commissaire de police du quartier.

148. S'il y a lieu, le chef du poste enverra en même temps au commissaire de police une note des dégradations faites dans le corps de garde ou dans le violon par les individus arrêtés, afin que le coût des réparations puisse être réclamé des délinquants.

149. Copie de ces réclamations sera consignée au rapport.

150. Les chefs de postes ne laisseront communiquer, sous aucun prétexte, les personnes arrêtées avec celles de l'extérieur.

Mesures de propreté prescrites aux tambours et hommes de peine.

151. Tous les matins, les tambours de la garde descendante balayeront les corps de garde et leurs dépendances ; ils battront les matelas, nettoieront les chandeliers, etc., de manière à ce que la garde montante trouve tout propre à son arrivée.

152. Il sera commandé dans chaque légion, par le major, un ou plusieurs tambours de corvée pour nettoyer les corps de garde occupés par des postes dans la composition desquels il n'y aurait pas de tambours, ou bien pour éviter que les tambours de la garde descendante ne fassent cette corvée.

153. Un tambour-maître de semaine sera chargé de veiller à l'exécution de ces dispositions dans les postes d'arrondissement et autres fournis par la légion. Le tambour-major inspectera ce service et en rendra compte au major.

154. Des hommes de peine doivent se rendre dans tous les postes de la garde nationale, ceux des Tuileries, de l'Etat-Major général, du Palais-Royal, du Louvre et des finances exceptés, afin de nettoyer les latrines, les violons et de vider les baquets.

155. Lorsque ce service n'aura pas été fait régulièrement, les chefs de postes en rendront compte dans leurs rapports.

156. Les inspecteurs de la salubrité et de l'éclairage étant tenus de faire signer dans les postes de la Place leurs feuilles de tournées, les chefs de postes devront concourir à l'exécution de cette formalité en apposant leur visa sur les feuilles de rapport dont ces agents sont porteurs.

Rapport des chefs de postes.

157. Sur les feuilles de rapport qui lui auront été remises, chaque commandant de poste établira avec le plus grand soin, et de la manière la plus détaillée, le rapport de tout ce qui se sera passé depuis qu'il aura occupé le poste : il y notera numériquement et nominativement les hommes qui se sont absentés pendant la totalité ou une partie de la garde, et il consignera sur ce rapport toutes les observations qu'il croira propres à éclairer sur l'exécution du service en général et sur celui du poste en particulier.

158. Le détail des faits qui ont eu lieu devra être inscrit sur-le-champ de la même manière sur chaque exemplaire du rapport. Après les avoir signés et datés, le chef du poste les enverra, *lorsque la garde sera relevée, à l'Etat-Major de la légion.*

159. S'il arrive quelque chose d'extraordinaire et qui doive, attendu son importance, être connu sans délai de l'autorité supérieure, le commandant du poste n'attendra pas, pour l'annoncer, de faire le rapport du matin. Il devra faire sur-le-champ deux rapports particuliers, signés de lui, et les envoyer le plus promptement possible, l'un à l'Etat-Major général, et l'autre à l'état-major de la légion.

160. Si les faits ne pouvaient pas tous être consignés sur les feuilles de rapport, le chef du poste devra faire un rapport supplémentaire qui sera joint à chaque feuille imprimée.

Affiche des consignes. — Leur conservation.

161. Les consignes particulières que les événements ou les localités pourront nécessiter seront collées, affichées et consignées dans les postes.

162. La présente consigne générale sera imprimée et collée sur une planche, qui sera déposée et consignée dans les corps de garde. La conservation de la présente consigne étant sous la responsabilité personnelle du chef du poste, il ne souffrira pas qu'il y soit apporté aucune altération, ni qu'il y soit crayonné, chiffré ni tracé aucun signe, sous peine de supporter les frais de remplacement. Il est également responsable, sous peine des frais de réparation, de tout tracé, de griffonnages ou de dégradations faites sur les murs du corps de garde.

Vu et approuvé par le LIEUTENANT GÉNÉRAL COMMANDANT SUPÉRIEUR DES GARDES NATIONALES DU DÉPARTEMENT DE LA SEINE,

Signé : **JACQUEMINOT**.

Pour ampliation :

LE MARÉCHAL DE CAMP CHEF DE L'ÉTAT-MAJOR GÉNÉRAL,

Signé : **CARBONEL**.

TABLE SOMMAIRE[1].

(1) Cette Table renvoie aux divers articles de la présente consigne.

Paris, impr. de Paul Dupont.

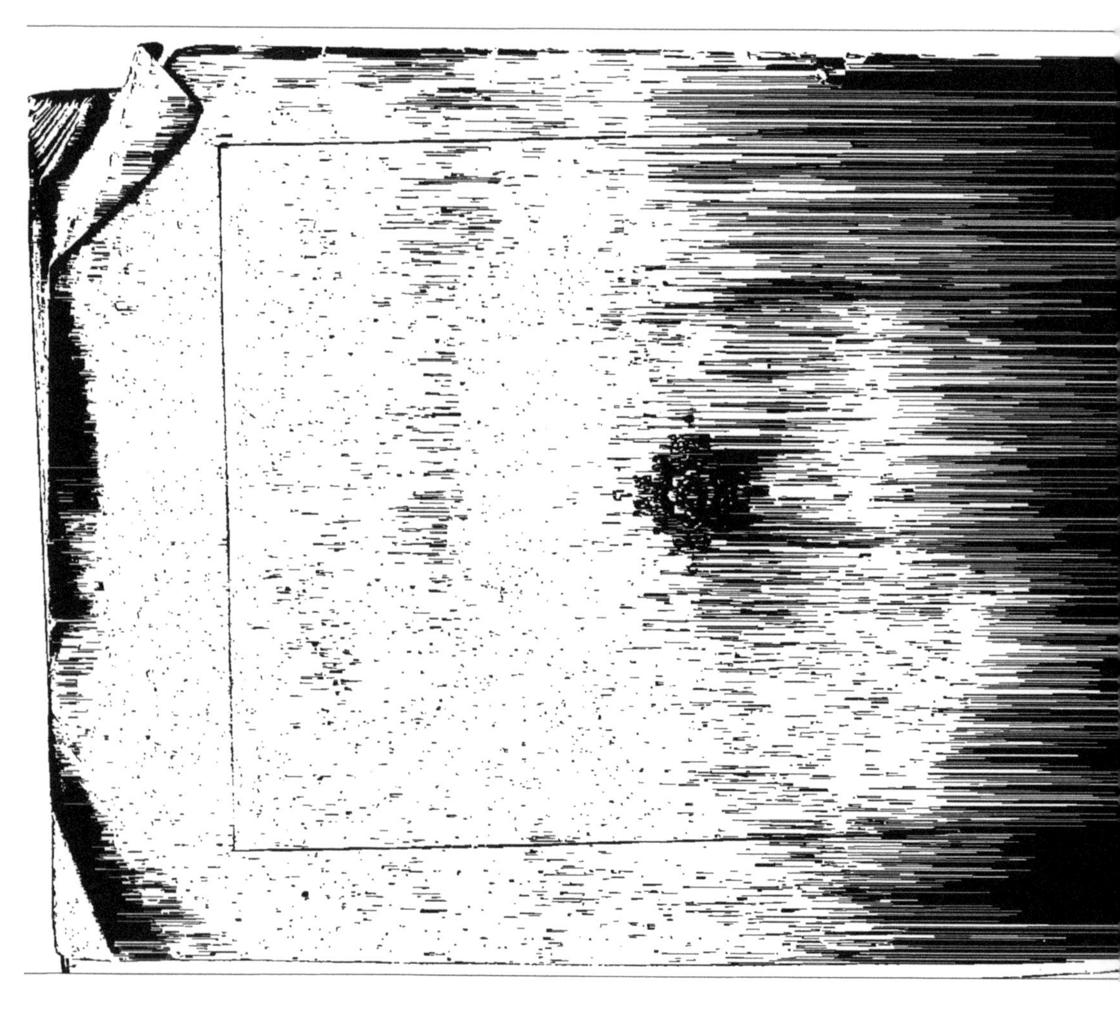

www.ingramcontent.com/pod-product-compliance
Ingram Content Group UK Ltd.
Pitfield, Milton Keynes, MK11 3LW, UK
UKHW021649130726
13696UKWH00004B/1500